マキさんの \極上/ \シンプル/
おにぎり

ワタナベマキ

\具材1つ／
鮭だけ！

具材は1つか2つでOK!

\具材2つ／
青のりと油揚げだけ！

にぎるおにぎり

シンプルおにぎりから、

ぜいたくおにぎりまで

と

人気のキンパも！

巻きすいらずの！

巻くおにぎり

もくじ

はじめに…6

ごはんの炊き方…8

基本のにぎり方…10

調味料のこと…12

具材1つでおにぎり

梅おにぎり…14

しょうがの塩麹おにぎり…15

えごまのしょうゆ漬け巻きおにぎり…16

みょうがのみそ漬けおにぎり…17

白ごまおにぎりと黒ごまおにぎり…18

菜の花の昆布じめおにぎり…20

甘辛ごぼうのおにぎり…22

塩ゆでグリンピースのおにぎり…24

ねぎみそたっぷりおにぎり…25

青唐辛子漬けおにぎり…26

塩ゆでピーナッツおにぎり…27

鮭のみそ漬けおにぎり…28

塩さばの酢焼きおにぎり…30

しらすの辛味オイルおにぎり…32

かつおゆずこしょうおにぎり…33

ツナ黒こしょうおにぎり…34

和風ツナおにぎり…34

たらこマヨネーズおにぎり…38

すじこの粕漬けおにぎり…39

漬け卵おにぎり…40

ささみゆずこしょうおにぎり…42

鶏みそおにぎり…44

鶏天むすび…46

牛肉ポン酢のおにぎり…48

豚巻きおにぎり…49

・大さじ1＝15mℓ、小さじ1＝5mℓ、1合＝180mℓです。

・電子レンジは600Wを使用しています。500Wの場合は加熱時間を1.2倍にしてください。機種によって多少異なるので状態を見て調整してください。

・具材は基本的に具にしたものを指します。

・野菜は特に記載がない場合、皮をむく、ヘタを取る、洗うなどの下準備を行ってください。

・おにぎりで最後に巻くのりは、巻いても巻かなくてもいいので、具としてはカウントしていません。

具材2つでおにぎり

たくあんと青じそのおにぎり…56

おかかと山椒のおにぎり…57

青ねぎと明太子のおにぎり…58

白菜しらすの浅漬けおにぎり…59

みょうがとじゃこのおにぎり…60

三つ葉とカリカリ梅のおにぎり…61

せりと桜えびのおにぎり…62

キャベツと塩昆布のおにぎり…63

れんこんの赤じそきんぴら
　おにぎり…64

さつまいもと赤じそのおにぎり…66

高菜漬けととろろ昆布のおにぎり…67

しょうがみその青じそのおにぎり…68

しば漬けじゃこの雑穀おにぎり…68

のり梅おにぎり…72

青のりと油揚げのおにぎり…73

梅酢浸し豆おにぎり…74

枝豆とドライトマトのおにぎり…76

パセリとハムのおにぎり…77

なすとアンチョビのおにぎり…78

鮭とガリのおにぎり…80

いくらゆずのおにぎり…81

塩さばと青ねぎのおにぎり…82

鯛と塩昆布のおにぎり…84

じゃこときゅうりのおにぎり…85

ナッツと塩昆布のおにぎり…86

うにと枝豆のおにぎり…87

チーズと青じそのみそおにぎり…88

焼き豚と紅しょうがのおにぎり…89

から揚げとレタスのおにぎり…90

巻きおにぎり

だし巻き卵の巻きおにぎり…98

かにと三つ葉と卵の巻きおにぎり…100

ハムとチーズと青じその
　巻きおにぎり…100

きゅうりと鮭の巻きおにぎり…102

にんじん、ほうれん草ナムル、
　牛肉のキンパ…104

えごま、たくあん、ツナのキンパ…104

ゆでささみと練り梅の
　巻きおにぎり…108

漬けまぐろと細ねぎの
　巻きおにぎり…110

おにぎりに添えたい汁もの…50
　キャベツとささみの塩麹汁／くずし豆腐のねぎみそ汁／細切り大根&にんじんと油揚げのみそ汁／トマトと豚肉のみそ汁／あさりとほうれん草のすまし汁／切り干し大根の豚汁／根菜と鶏肉の酒粕汁／さつまいもの豚汁／スナップえんどうの卵しらすスープ／じゃがいもとわかめのキムチスープ

おにぎりに添えたい小さなおかず…92
　絹さやナムル／キャベツとベーコンの蒸し煮／長ねぎの黒酢蒸し／クレソンのおひたし／れんこんの白あえ／小松菜と厚揚げのさっと煮／にんじんとかぶの浅漬け／ブロッコリーとじゃこの豆板醤ごまあえ／スナップえんどうと厚揚げのごまあえ／赤ピーマンのレモンしょうゆ漬け

はじめに

おにぎりの具、何にする？　おにぎり食べる？
今日おにぎりでいい？　おにぎり持っていきなさいっ！
おにぎり作ってくれない？

私の日常におにぎりの出番は多い。
朝ごはん、お弁当、おやつ、夜食と、
どんなときもおにぎりは頼りになる食べ物だなぁと思います。

おうちにある具材1種類で、ちょっとした具材の組み合わせ2種類で、
すぐに作れるのも本当にありがたい。
大好きな具材で、冷蔵庫にあるもので、
定番のものから新しい味まで、組み合わせは自由自在です。

おにぎりブームもあっておにぎり屋さんもたくさんありますが、
家で作るおにぎりは格別です。
私が基本としているのは、
お米2合に対して小さじ1/2の塩で炊いたごはんの塩にぎり。
そして、ごはんは1個につき100g。
これだけを守るとどんな具材でも
味がピタッと決まったおいしいおにぎりが作れます。

今回の本ではおにぎりのほかに、
巻きすいらずで手軽にできる巻きおにぎりもご紹介しています。
実は、おにぎりよりも簡単なのです。おにぎりの具を巻いてもよし。
今日の気分で、おにぎりにしたり巻きおにぎりにしたり。

たくさんのおにぎりラバーのみなさんに
試していただきたいおにぎりレシピをたくさん載せました。
誰もが好きで日々に欠かせないおにぎり。

みなさまのお腹を満たす一冊になりますように。

ワタナベマキ

\おいしいおにぎりを作るための/

ごはんの炊き方（土鍋で炊く場合）

私はいつも土鍋でごはんを炊きます。おにぎりを作るときは塩を加えるなど私流の工夫をしています。ごはんはおにぎりの主役なのでぜひお役立てください。ここでは基本の塩ごはんの炊き方をご紹介します。

材料　2合分

米 … 2合
軟水のミネラルウォーター … 400㎖
塩（塩ごはんの場合） … 小さじ1/2

おいしい水を使ってみて！

- 炊飯器で炊く場合は、作り方**4**で米を内釜に入れ、作り方**7**でスイッチオン。あとは同じ。
- 梅干しごはんや実山椒ごはんなどを炊く場合は、作り方**5**で加えてあとは同じ。

作り方

1.

軟水で洗う

軟水のミネラルウォーター（分量外）で米を洗う。米は最初の水を一番よく吸うのでここでおいしい水を使う。捨てるけれどおいしいごはんにするための大切な作業。

2.

流水で洗う

水道水を流しながら指を広げてやさしく洗う。ざるは竹製のものがおすすめ。金属製のものは米が壊れる心配がある。

3.

ざるにあげる

ざるにあげ、10分おいて水気をきる。**2**の水が少し濁っているくらいでざるにあげて大丈夫。

土鍋に入れて軟水を注ぐ

土鍋に**3**と分量の軟水のミネラルウォーターを注ぐ。最後の吸水なのでおいしい水がベスト。

塩を加える

塩を加える。塩ごはんにしないときは加えなくてよい。

蓋をして浸水させる

蓋をして15分おく。ふっくらごはんを炊き上げるため、しっかり吸水させる。

強火で炊く

蓋から蒸気が出てくるまで強火にかける。蒸気穴のところに菜箸を入れて圧力をかけると、炊き上がりがややもっちりする。

弱火で炊く

蒸気が出たら、弱火で7分炊く。ここで残った水分をしっかりとばす。

蒸らして炊き上がり

火を止めて10分蒸らす。炊き上がったらしゃもじで底から返して空気を入れる。

\ これだけできればおにぎりマスター /

基本のにぎり方

にぎり方は三角、たわら形、丸形の3種。きれいな形ににぎれると見た目もおいしそうです。各レシピで紹介しているにぎり方にこだわらず、お好きな形ににぎってください。

〈 三角のにぎり方 〉

1.

水を手につける。

ごはんを手にのせて（1個100gくらい）まとめながら三角にする。

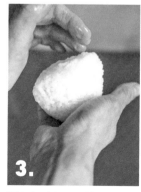

3.

回しながら形を整える。

Point

塩ごはんでない場合は、水を手につけたあと塩をつけてにぎる。

具を入れてにぎる場合は、ごはんを手にのせて真ん中をくぼませて具を入れ、包むようにしてにぎっていく。

〈たわら形のにぎり方〉

1.

水を手につけ、ごはんをのせてまとめながらたわら形にする。

2.

両端を指で押さえながら形を整える。

〈丸形のにぎり方〉

1.

水を手につけ、ごはんをのせてまとめながら丸くする。

おにぎりに大事なのは愛情なんです。

11

調味料のこと

具材が少ないので、調味料は味の決め手になります。ここでは私がいつも使っている基本の調味料を中心にご紹介します。本書でもこれらを使っています。

【塩】 おにぎりには藻塩がおすすめです。家族にもこの塩を使うとおいしいと好評です。しょっぱさだけでなく、なんともいえないうまみが感じられます。他の料理にはいろいろな天然塩を使っています。

【みそ】 自分でも作るので、それに近いものを買って合わせて使っています。おにぎりにぬったり、みそ汁に使ったり、みその出番は結構多いのでいろんなみそを使ってお気に入りを探します。

【しょうゆ】 長年使っているのは「井上 古式じょうゆ」。大豆と小麦、塩だけで作られたもので、しょっぱくも甘くもないのがお気に入りです。基本的にはアルコールを加えたものは避けています。

【みりん】 特に決まっていませんが、福光屋の「福みりん」はよく使います。基本的に糖類無添加のものであればOKです。

【黒酢】 よく使うのは「鹿児島の黒酢」。どこでも売っているので手に入りやすいのが魅力。まろやかで深みのある酸味が気に入っています。

【だし】 だしは毎日のように使うのでいつも手作りしたものを使います。昆布と削り節でとっただしは風味もよく、料理をおいしく仕上げてくれます。

マキ流だしのとり方
1ℓのだしをとる場合

1. 鍋に水1ℓと7cm角の昆布を入れて弱火にかける。昆布から小さな気泡が出てきたら取り出す。

2. 水50mℓを加えて温度を下げる。

3. 削り節20g（2つかみ）を加えて弱火で2分加熱する。

4. アクを取って火を止め、削り節が沈むまでそのままおく。

5. ボウルにざるをのせてペーパータオルを敷き、こす。

6. でき上がり。

具材1つでおにぎり

具材1つで作るザ・おにぎり。シンプルですが思いのほかおいしいのです。ごはんを炊くときにいっしょに入れるだけ、味つけした具を混ぜるだけと作り方はいたって簡単。のりを巻いたり巻かなかったりはお好みで。のりは材料に書いてあっても具材にはカウントしていません。調味料も具材ではないのでカウントなし。また「好みで」と書いてあるトッピングも見た目でのせたもの。全体の味には影響しないので無理に加えなくても大丈夫です。

梅おにぎり

梅干しをごはんといっしょに炊くだけ。
梅味が全体に広がってやさしい香りが楽しめます。

材料 2人分／4個

米 … 1合
水 … 200㎖
酒 … 小さじ1
梅干し … 大1個

作り方

1. ごはんを基本の炊き方と同様にして炊く（p.8-9
参照）。ただし、鍋に入れるとき、分量の水と酒、
梅干しを入れる。

2. ごはんが炊けたら梅干しをくずしながら混ぜ、
三角ににぎる。

しょうがの塩麹おにぎり

塩麹がしょうがをまろやかにしてごはんと一体化。
のりの風味がしょうがの味を引き立てます。

材料　2人分／4個

米 … 1合
水 … 200㎖
しょうが(みじん切り) … 1かけ
塩麹 … 大さじ1
焼きのり(6切・半分に切る) … 2枚

作り方

1. ごはんを基本の炊き方と同様にして炊く(p.8-9参照)。ただし、鍋に入れるとき、分量の水としょうが、塩麹を入れる。

2. ごはんを三角ににぎり、のりを巻く。

えごまのしょうゆ漬け巻きおにぎり

ごはんにえごまの葉の漬け汁がしみ込んでおいしい。
葉は漬け汁が熱いうちに漬け込むのがポイントです。

材料 2人分／4個

えごまの葉 … 4枚
Ⓐ
  しょうがのすりおろし … ½かけ分
  みりん … 大さじ1
  しょうゆ … 大さじ1
炊いた塩ごはん(p.8-9参照) … 400g
粗びき赤唐辛子 … 少々

作り方

1. 小さめの耐熱ボウルにⒶを入れ、ラップ
   をしないで電子レンジで1分加熱し、熱
   いうちにえごまの葉を15分以上漬ける。

2. 塩ごはんをたわら形ににぎり、1を巻い
   て粗びき赤唐辛子をふる。

みょうがのみそ漬けおにぎり

みそとごはんは相性抜群。
みょうがのとがった味をみそがまろやかに包み込みます。

材料 2人分／4個

みょうが (縦4等分に切る) … 4個
Ⓐ
　みそ … 大さじ1
　みりん … 大さじ1
　白すりごま … 小さじ1
炊いたごはん … 400g
白いりごま (好みで) … 適量

作り方

1. 小さめの耐熱ボウルにⒶを入れ、ラップをしないで電子レンジで1分加熱し、熱いうちにみょうがを漬ける (最低1時間)。

2. **1**の2/3量を粗みじん切りにしてごはんに混ぜ、丸形ににぎる。残りのみょうがは細切りにしておにぎりの上にのせ、好みで白いりごまを散らす。

白ごまおにぎりと
黒ごまおにぎり

白と黒のごまをまぶすだけ。
ごまの風味とぷちぷちとした食感が楽しいおにぎりです。

材料 2人分／4個

白いりごま … 小さじ1
黒いりごま … 小さじ1
炊いた塩ごはん(p.8-9参照) … 400g
塩 … 適量

作り方

1. 塩ごはんを三角ににぎる。

2. ごまはそれぞれフライパンに入れて塩少々を加え、弱火で軽くいる**a**。バットにそれぞれ入れ、**1**にまぶす。

ごまはいることで風味がアップ。弱火で軽く色づくまでいる。いり過ぎると急に焦げてしまうので注意して。

ごまだけで
おいしいおにぎりが
できちゃいます!

菜の花の昆布じめおにぎり

昆布のうまみをじんわりと菜の花に移します。
菜の花の青臭さはなく、シャキッとした食感が楽しい。

材料 2人分／4個

菜の花 … 200g
昆布(8cm角) … 2枚
塩 … 少々
炊いた塩ごはん(p.8-9参照) … 400g

作り方

1. 菜の花は塩少々(分量外)を加えたたっぷりの湯で1分30秒ゆでて冷水にとり、水気をしっかりと絞る。

2. 昆布はさっとぬらしてバットに1枚敷き、**1**をのせて塩をふり、もう1枚ではさむ**a**。ラップをかけて冷蔵庫に1〜2時間おく。

3. 菜の花は7〜8mm長さに切り、塩ごはんに加えて混ぜ、三角ににぎる。器に昆布を敷いてのせる。

昆布から出るうまみが菜の花にしみ込んでほんのりやさしい味に。冷蔵庫で時間をかけてしみ込ませる。

甘辛ごぼうのおにぎり

ごぼうのしっかり味がおにぎり全体に広がります。
歯ごたえのある食感もおいしさをあと押し。

材料 2人分／4個

ごぼう(ささがき) … 80g
ごま油 … 小さじ2
Ⓐ →合わせる
| 酒 … 大さじ1
| みりん … 大さじ1
| しょうゆ … 大さじ1
塩 … 少々
炊いたごはん … 400g
焼きのり(6切・好みで) … 適量

作り方

1. ごぼうはさっと水にさらし、ペーパータオルで水気を取る**a**。

2. フライパンにごま油を中火で熱し、**1**を炒める。軽く透き通ったら Ⓐ と塩を加え、汁気がなくなるまで炒める。

3. ごはんに混ぜ、三角ににぎる。器に盛り、好みで焼きのりを巻いて食べる。

ごぼうの水気をしっかり取ることで味がぼやけない。しっかりと味がついているとごはんと混ぜたとき存在感がある。

塩ゆでグリンピースのおにぎり

さやから出したグリンピースはみずみずしくてぷりぷり。
豆本来の味をごはんといっしょに味わえます。

材料 2人分／4個

グリンピース（さやから取り出す）
　… 30g（正味）
塩 … 小さじ1/2
炊いた塩ごはん（p.8-9参照）… 400g
粉山椒（好みで）… 適量

作り方

1. 鍋に水300mlと塩を入れて中火にかけ、沸騰したらグリンピースを加えて5分ゆで、そのまま冷ます。ざるにあげ、水気をきる。

2. 塩ごはんに1を加えて混ぜ、たわら形ににぎる。好みで粉山椒をふる。

ねぎみそたっぷりおにぎり

ねぎもみそも炒めることで風味が増します。
のりを巻いてできたすき間に具をのせるのがマキ流。

材料　2人分／4個

長ねぎ(斜め薄切り) … 1本(100g)
ごま油 … 小さじ2
Ⓐ →合わせる
　みそ … 大さじ1
　酒 … 大さじ½
　みりん … 大さじ1
　しょうゆ … 小さじ1
炊いた塩ごはん(p.8-9参照) … 400g
焼きのり(6切) … 4枚

作り方

1. フライパンにごま油を中火で熱し、長ね
　ぎをしんなりするまで炒め、Ⓐを加えて
　汁気がなくなるまでさらに炒める。

2. 塩ごはんを三角ににぎり、のりを巻いて
　1をのせる。

青唐辛子漬けおにぎり

やさしい辛みがアクセント。
この辛みがあとを引いていくつでも食べられそう。

材料 2人分／4個

青唐辛子(小口切り) … 2本
Ⓐ
　酒 … 小さじ1
　みりん … 小さじ2
　黒酢 … 小さじ2
　ナンプラー … 小さじ2
炊いた塩ごはん(p.8-9参照) … 400g
ばらのり(好みで) … 適量

作り方

1. 小さめの耐熱ボウルにⒶを入れ、ラップをしないで1分加熱して青唐辛子を漬ける(最低30分)。

2. 汁気を軽くきって塩ごはんに混ぜ、三角ににぎる。好みでばらのりをのせる。

塩ゆでピーナッツおにぎり

ほんのりしょうゆの香りが漂うピーナッツとごはんが好相性。
ピーナッツはやわらかくゆでるのがポイントです。

材料　2人分／4個

生ピーナッツ（殻つき）… 100g
塩 … 小さじ1/2
しょうゆ … 大さじ1
炊いたごはん … 400g

作り方

1. ピーナッツは殻をむいて鍋に入れ、水300mℓと塩を加えて中火にかける。

2. 煮立ったら弱めの中火にして12分ゆで、ざるにあげてしょうゆをからめる。

3. ごはんに**2**を加えて混ぜ、三角ににぎる。

鮭のみそ漬けおにぎり

おいしいみそに漬け込んだ鮭は絶品！
塩鮭とはひと味違う鮭おにぎりの誕生です。

材料　2人分／4個

甘塩鮭 … 2切れ
Ⓐ →合わせる
| みそ … 大さじ1
| 甘酒 … 大さじ2
| 豆板醤 … 小さじ1
炊いた塩ごはん(p.8-9参照) … 400g
黒いりごま(好みで) … 適量

作り方

1. 鮭はペーパータオルで表面の水気をふき、Ⓐをスプーンでまぶしつけて**a**漬ける(最低1時間)。

2. **1**をアルミホイルで包み、魚焼きグリルで8分焼く。アルミホイルをあけて、表面に焼き目がつくまでさらに2〜3分焼き、骨と皮を取り除いてから粗くほぐす。

3. 塩ごはんを手のひらに広げて**2**を1/4量弱ずつ入れて三角ににぎり、上に具の一部をのせる。好みで黒いりごまをふる。

漬け込むみそには甘酒と豆板醤を混ぜる。どれも発酵食品なので、鮭をやわらかくしてまろやかなうまみを引き出す。

塩さばの酢焼きおにぎり

塩さばがどかんとのって見た目が豪快。
酢をぬると生臭さを消してさっぱりといただけます。

材料 2人分／4個

塩さば(半身)… 1枚
米酢… 小さじ1
炊いた塩ごはん(p.8-9参照)… 400g
焼きのり(6切)… 4枚
七味唐辛子… 適量

作り方

1. 塩さばは腹骨と中骨を取り除いて表面の水気をペーパータオルでふき、米酢を全体に刷毛でぬる **a**。

2. 魚焼きグリルでこんがりと焼き目がつくまで7～8分焼き、4等分に切る。

3. 塩ごはんを三角ににぎってのりを巻き、**2**をのせて七味唐辛子をふる。

酢の効果で身を引き締めるだけでなく生臭さも消す。刷毛を使うとまんべんなく全体にぬり広げることができる。

酢をぬるひと手間でおいしくなりますよ。

しらすの辛味オイルおにぎり

見た目はただのしらす干しですが、インパクトのある味。
やみつき間違いなしのおにぎりです。

材料 2人分／4個

しらす干し … 30g
煮きりみりん … 大さじ1
＊ラップをしないで電子レンジで1分加熱する。
Ⓐ →合わせる
　赤唐辛子 … 1/2本
　しょうゆ … 小さじ1
　ごま油 … 大さじ1
炊いた塩ごはん(p.8-9参照) … 400g
赤唐辛子(種を取って裂く・好みで) … 適量

作り方

1. Ⓐは煮きりみりんと混ぜ、しらす干しを
加えて10分ほどおく。

2. 塩ごはんを丸形ににぎって**1**の汁気を軽
くきってのせ、好みで赤唐辛子をふる。

かつおゆずこしょうおにぎり

ゆずこしょうのほろ苦さをマヨネーズでマイルドに。
かつおのうまみとピリッとやさしい刺激がたまりません。

材料 2人分／4個

削り節 … 20g
ゆずこしょう … 小さじ1
マヨネーズ … 大さじ2
しょうゆ … 小さじ½
炊いた塩ごはん(p.8-9参照) … 400g

作り方

1. ゆずこしょうはマヨネーズ、しょうゆと
   混ぜ合わせ、削り節を加えてよく混ぜる。

2. 塩ごはんを手のひらに広げて **1** を¼量
   弱ずつのせ、三角ににぎって残りの具を
   上にのせる。

ツナ黒こしょうおにぎり
材料と作り方→p.36

和風ツナおにぎり
材料と作り方→p.37

ツナ黒こしょうおにぎり

ツナはレモン汁を加えてさっぱり味に。
爽やかな風味のおにぎりなので、食欲がないときにぜひ。

材料　2人分／4個

ツナ缶（オイル漬け）… 1缶（70g）
塩 … 少々
レモン汁 … 小さじ2
粗びき黒こしょう … 適量
炊いた塩ごはん（p.8-9参照）… 400g
焼きのり（6切）… 4枚

作り方

1. ツナはざるをのせたボウルでしっかりと缶汁をきり**a**、塩、レモン汁、粗びき黒こしょうをやや多めに加えて混ぜる。

2. 塩ごはんを三角ににぎり、のりを巻いて**1**をのせる。

缶汁が多いとごはんがばらばらになりやすい。にぎったときにくずれてしまうので、しっかりと缶汁をきっておく。

しっかりツナに味をつけたら
本当においしい！

和風ツナおにぎり

甘辛く煮詰めたツナの味がしっかり感じられます。
ツナ缶さえあればいつでもすぐに作れるのがうれしい。

材料 2人分／4個

ツナ缶（水煮）… 1缶（70g）
みりん … 大さじ2
しょうゆ … 大さじ1
炊いた塩ごはん（p.8-9参照）… 400g

作り方

1. 小鍋にみりん、しょうゆ、ツナを缶汁ごと入れ**a**、中火にかける。煮立ったら弱めの中火にし、汁気がなくなるまで煮詰める。

2. 手のひらに塩ごはんを広げ、**1**を$\frac{1}{4}$量弱ずつ入れて三角ににぎり、残りの具の一部を上にのせる。

缶汁にはツナのうまみが溶け出している。煮詰めていくとこのうまみも凝縮されておいしくなる。

たらこマヨネーズおにぎり

たらこマヨネーズはみんなが大好きな味。
たらこは加熱すると風味がいっそう豊かになります。

材料 2人分／4個

たらこ … 1腹
マヨネーズ … 大さじ2
白いりごま(好みで) … 少々
炊いた塩ごはん(p.8-9参照) … 400g

作り方

1. たらこは1/2腹ずつラップで包み、電子レンジで1分加熱して軽くほぐし、マヨネーズを加えて混ぜる。

2. 塩ごはんを手のひらに広げ、**1**を1/4量弱ずつ入れて三角ににぎり、具の一部を上にのせる。好みで白いりごまをふる。

すじこの粕漬けおにぎり

すじこを酒粕に漬けるとまろやかになり、うまみも増します。
お酒のつまみにも炊きたてごはんのお供にもぴったり。

材料　2人分／4個

すじこ（塩漬け）… 80g
酒粕 … 大さじ1
＊かたいものは同量の水を加えてラップをしない
　で電子レンジで40秒加熱してやわらかくする。
炊いた塩ごはん（p.8-9参照）… 400g
焼きのり（6切）… 4枚

作り方

1. すじこに酒粕をぬってラップで包み、冷
　　蔵庫に一晩おく。

2. 塩ごはんを三角ににぎり、のりを巻いて
　　4等分に切った **1** をのせる。

漬け卵おにぎり

漬け卵はポリ袋に入れておくだけででき上がり。
おにぎりの具にすると、ボリューム感がぐっとアップします。

材料 2人分／4個

卵 … 2個
炊いた塩ごはん(p.8-9参照) … 300g
Ⓐ
| 黒酢 … 大さじ2
| しょうゆ … 大さじ2
焼きのり(6切) … 4枚

作り方

1. 卵は塩少々(分量外)を加えた湯適量に入れて8分ゆで、冷水にとって殻をむき、ペーパータオルで水気をふく。ポリ袋にⒶと共に入れて漬ける **a**(最低1時間)。

2. **1**の汁気をきって半分に切る。塩ごはんを三角ににぎり、のりを巻いて卵をのせる。

こんなおにぎりにしても楽しいですよ!

ポリ袋に入れて漬けるとまんべんなく色がついて味も全体にしみ込み、おいしい漬け卵ができる。

漬け卵を切らずに丸ごとごはんの中に入れてにぎってもOK(ごはん100gに1個)。見た目は普通のおにぎりだが食べると驚き。もち運ぶときにはこちらがおすすめ。

ささみゆずこしょう
おにぎり

ささみはゆで汁に入れたまま冷ますとしっとりとした口当たりに。ゆずこしょうが味のアクセントです。

材料 2人分／4個

鶏ささみ … 2本
酒 … 大さじ1
Ⓐ →合わせる
  ゆずこしょう … 小さじ2
  ごま油 … 小さじ1
  しょうゆ … 小さじ1/2
炊いたごはん … 400g
ばらのり（好みで） … 適量

作り方

1. ささみは筋を取り除く**a**。沸騰した湯適量に酒とささみを入れ、弱火で2分ゆでてそのまま冷ます。

2. ペーパータオルで**1**の水気をふき、手で裂いてほぐす。Ⓐに加えてあえる。

3. ごはんを三角ににぎり、**2**をのせる。好みでばらのりを散らす。

筋の先を手で持って包丁を斜めに当て、包丁を動かしながら筋を取る。筋があると加熱したときに身が縮む原因になるので必ず取り除く。

鶏みそおにぎり

大人も子どもも大好きな鶏みそそぼろ。
汁気がなくなるまで煮るのがポイントです。

材料 2人分／4個

鶏ひき肉(もも) … 100g
酒 … 大さじ2
みりん … 大さじ2
みそ … 小さじ1
しょうゆ … 小さじ1
しょうがのすりおろし … $\frac{1}{2}$かけ分
炊いたごはん … 400g
白いりごま(好みで) … 適量
しば漬け(好みで) … 適量

作り方

1. 小鍋に鶏ひき肉、酒、みりんを入れて中火にかける。煮立ったらアクを取って弱火にし、みそとしょうゆを加えてときどき混ぜながら**a**汁気がなくなるまで煮て、しょうがを加える。

2. ごはんに**1**を加えて混ぜ、丸形ににぎる。器に盛って好みで白いりごまをふり、しば漬けを添える。

ときどき混ぜながら味をまんべんなくしみ込ませる。煮汁が少なくなったら焦げつかないように注意しながら混ぜる。

鶏天むすび

衣にしみ込んだたれがごはんにもしみ込んで激うま！
ボリューム感のあるおにぎりです。

材料　2人分／4個

鶏ささみ … 2本
塩 … 少々
小麦粉 … 大さじ1
水 … 大さじ2
片栗粉 … 大さじ1
炊いたごはん … 400g
Ⓐ
　｜みりん … 大さじ1
　｜しょうゆ … 大さじ1
揚げ油 … 適量
焼きのり（6切・半分に切る） … 2枚

たれをしっかりつけるのが
ポイントです！

作り方

1. ささみは筋を取り除いてひと口大に切り、塩をふる。小麦粉を分量の水で溶いてささみにまぶし、表面に片栗粉をまぶす。
2. 170℃の揚げ油に **1** を入れ、表面がカリッとするまで3〜4分揚げる。
3. 耐熱容器にⒶを入れ、電子レンジで1分加熱して **2** をからめる**a**。
4. ごはんに **3** を包み込むようにして三角ににぎり、のりを巻く。

揚げたてのささみにたれをしっかりからめておにぎりに入れる。揚げたてだと衣にたれがすーっとしみ込みやすい。

牛肉ポン酢のおにぎり

ちょっとリッチなおにぎりはいかが？
食べごたえがあるだけでなく、肉のうまみがごはんを包み込みます。

材料 2人分／4個

牛もも肉（しゃぶしゃぶ用）… 4枚(80g)
塩 … 少々
ごま油 … 小さじ2
ポン酢しょうゆ … 大さじ4
炊いたごはん … 400g
練りわさび … 少々

作り方

1. ごはんをたわら形ににぎる。

2. 牛肉を広げて塩をふり、1をのせて巻く。

3. フライパンにごま油を入れて中火にかけ、2を入れて転がしながら全体に焼き目がつくまで焼く。ポン酢しょうゆを加え、煮立たせながら汁気がなくなるまでからめる。

4. 器に盛り、練りわさびをのせる。

豚巻きおにぎり

ボリュームがあるのにぱくぱく食べられる肉巻き。
トッピングの一味唐辛子が肉のうまみを引き立てます。

材料　2人分／4個

豚ロース肉(しゃぶしゃぶ用) … 8枚(120g)
塩 … 少々
ごま油 … 小さじ1
Ⓐ →合わせる
| 酒 … 大さじ1
| みりん … 大さじ2
| しょうゆ … 大さじ2
炊いたごはん … 400g
七味唐辛子 … 少々

作り方

1. ごはんをたわら形ににぎる。

2. 豚肉を2枚ずつ広げ、端を2cmほど重ねて塩をふり、**1**をのせて巻く。

3. フライパンにごま油を入れて中火にかけ、**2**を入れて転がしながら全体に焼き目がつくまで焼く。Ⓐを加え、煮立たせながら汁気がなくなるまでからめる。

4. 器に盛り、七味唐辛子をふる。

おにぎりに添えたい汁もの

キャベツとささみの塩麹汁

くずし豆腐のねぎみそ汁

キャベツとささみの塩麹汁

材料　2人分

キャベツ（細切り）… 100g
だし汁（p.12参照）… 300㎖
鶏ささみ（筋を取って
　食べやすい大きさに切る）… 2本
塩麹 … 小さじ1$\frac{1}{2}$

作り方

1. 鍋にだし汁を入れて中火にかけ、キャベツを入れる。煮立ったら弱火にし、ささみを加えて5分煮る。塩麹を加えてさっと混ぜ、器に盛る。

くずし豆腐のねぎみそ汁

材料　2人分

おぼろ豆腐 … 100g
だし汁（p.12参照）… 300㎖
長ねぎ（小口切り）… $\frac{1}{4}$本（25g）
みそ … 大さじ1$\frac{1}{2}$

作り方

1. 鍋にだし汁と長ねぎを入れて中火にかけ、煮立ったら豆腐を加える。
2. 再度ひと煮立ちさせてみそを溶き入れ、器に盛る。

おにぎりに汁ものがあると食べやすくなるだけでなく、味も切りかえてくれるのでおいしさが倍増します。だしのうまみがきいたものや具だくさんでおかずのようになるものまでいろいろ。具が少ないおにぎりだからこそ、こうした汁ものが縁の下の力持ちになってくれます。みそ汁やすまし汁、スープと味のバリエーションは無限大です。ぜひ、おにぎりに添えて楽しんでください。

細切り大根＆にんじんと油揚げのみそ汁

材料　2人分

大根（細切り）… 100g
にんじん（細切り）… 70g
油揚げ … 1枚
だし汁（p.12参照）… 400ml
みそ … 大さじ1½

作り方

1. 油揚げは熱湯を回しかけて油抜きをし、細切りにする。

2. 鍋にだし汁を入れ、大根、にんじん、1を加えて中火にかける。煮立ったら弱めの中火にして蓋をし、8分煮てみそを溶き入れ、器に盛る。

トマトと豚肉のみそ汁

材料　2人分

豚ロース薄切り肉（4cm幅に切る）… 120g
トマト（8等分のくし形切り）… 1個（200g）
だし汁（p.12参照）… 300ml
みそ … 大さじ1½
青じそ（せん切り）… 4枚

作り方

1. 鍋にだし汁を入れて中火にかけ、煮立ったら豚肉を入れる。再度煮立ったらアクを取り除いてトマトを加え、さっと煮る。

2. みそを溶き入れ、煮立つ直前で火を止める。器に盛り、青じそをのせる。

あさりとほうれん草の
すまし汁

材料　2人分

あさり（砂出ししたもの）… 200g
ほうれん草 … $\frac{1}{2}$束（100g）
だし汁（p.12参照）… 300㎖
酒 … 大さじ1
薄口しょうゆ … 小さじ2
白いりごま … 適量

作り方

1. 鍋にだし汁と酒を入れて中火にかけ、煮立ったらあさりを入れてひと煮立ちさせ、蓋をして殻が開くまで2分ほど煮る。途中、アクを取り除く。

2. ほうれん草はラップで包んで電子レンジで1分加熱し、冷水にとって水気をしっかりと絞り、食べやすい長さに切る。

3. **1**に薄口しょうゆを加えてひと混ぜし、**2**を加えてさっと温める。器に盛り、白いりごまをふる。

切り干し大根の豚汁

材料　2人分

切り干し大根 … 20g
豚ロース薄切り肉
　（食べやすい大きさに切る）… 100g
だし汁（p.12参照）… 200㎖
みそ … 大さじ1$\frac{1}{2}$
七味唐辛子 … 少々

作り方

1. 切り干し大根は流水で揉み洗いし、かぶるくらいの水に6分浸す。水気を絞って食べやすい長さに切り、もどし汁は取りおく。

2. 鍋にだし汁と**1**のもどし汁100㎖を入れて中火にかけ、豚肉と**1**の切り干し大根を加えて蓋をし、弱めの中火で5分煮る。

3. みそを溶き入れ、煮立つ直前で火を止める。器に盛り、七味唐辛子をふる。

根菜と鶏肉の酒粕汁

さつまいもの豚汁

材料　2人分

鶏もも肉(3㎝角に切る) … 200g
ごま油 … 小さじ2
れんこん … 100g
にんじん(1㎝厚さのいちょう切り) … 70g
玉ねぎ(2㎝角に切る) … 1/2個
だし汁(p.12参照) … 400㎖
酒粕 … 大さじ2
みそ … 大さじ1 1/2
青ねぎ(小口切り) … 2本分

作り方

1. れんこんはたわしで皮をこすり洗いし、1㎝厚さのいちょう切りにする。

2. 鍋にごま油を熱し、鶏肉を入れて焼き目がつくまで中火で炒める。**1**とにんじん、玉ねぎを加えてさっと炒め、だし汁を加えてひと煮立ちさせる。

3. アクを取って蓋をし、弱めの中火で10分煮て酒粕とみそを溶き入れ、煮立つ直前で火を止める。器に盛り、青ねぎを散らす。

材料　2人分

豚切り落とし肉(ひと口大に切る) … 150g
塩 … 少々
さつまいも(1㎝厚さのいちょう切り)
　　… 1/4本(150g)
ごま油 … 少々
玉ねぎ(2㎝角に切る) … 1/2個(100g)
酒 … 大さじ2
だし汁(p.12参照) … 400㎖
みそ … 大さじ1 1/2
七味唐辛子 … 少々

作り方

1. 豚肉は塩をふり、さつまいもは水にさっとさらしてざるにあげる。

2. 鍋にごま油を入れて中火で熱し、豚肉を加えてさっと炒め、玉ねぎとさつまいもを加えて玉ねぎが透き通るまで炒める。

3. 酒とだし汁を加え、ひと煮立ちしたらアクを取り除いて蓋をし、弱めの中火で8分煮る。みそを溶き入れて煮立つ直前で火を止める。器に盛り、七味唐辛子をふる。

スナップえんどうの
卵しらすスープ

材料　2人分
スナップえんどう … 6さや
だし汁(p.12参照) … 300mℓ
酒 … 大さじ1
しらす干し … 20g
しょうゆ … 小さじ2
塩 … 小さじ¼
卵(溶きほぐす) … 1個

作り方
1. スナップえんどうは筋を取って2等分に切る。

2. 鍋にだし汁と酒を入れて中火にかけ、煮立ったらしらす干しと**1**を加えて2分ほど煮る。

3. しょうゆと塩を加え、溶き卵を少しずつ加えてさっと煮る。

じゃがいもとわかめの
キムチスープ

材料　2人分
じゃがいも … 大1個(200g)
塩蔵わかめ … 15g
白菜キムチ(粗みじん切り) … 20g
だし汁(p.12参照) … 400mℓ
みそ … 大さじ1

作り方
1. じゃがいもは皮をむき8等分に切る。わかめは流水で洗い、かぶるくらいの水に5分浸して食べやすい大きさに切る。

2. 鍋にだし汁とじゃがいもを入れて中火にかけ、煮立ったら蓋をして弱めの中火で7分煮る。わかめと白菜キムチを加えてさらに3分ほど煮、みそを溶き入れて煮立つ直前で火を止め、器に盛る。

具材2つでおにぎり

具材を1つ増やしただけで見た目やボリューム感がぐんとアップします。とはいえたった2つの具材なので、そろえるのが大変なわけがありません。ピクニックやホームパーティなどでちょっぴり豪華に見せたいときにぜひチャレンジしてみてください。こんな組み合わせがこんな味になるんだ、と目からうろこのおにぎりが満載です。具材本来が持つうまみや風味を引き出してごはんと合体させれば、もうごちそう。おにぎりのすごさに脱帽するはずです。

たくあんと青じそのおにぎり

たくあんの食感と塩味がアクセント。
ひと口食べた途端、青じその爽やかな風味が口いっぱいに広がります。

材料　2人分／4個

たくあん(細切り) ⋯ 30g
青じそ(細切り) ⋯ 4枚
炊いた塩ごはん(p.8-9参照) ⋯ 400g

作り方

1. 塩ごはんにたくあんと青じそを混ぜ、三角ににぎる。

おかかと山椒のおにぎり

ピリッと刺激的な実山椒がおにぎりのアクセント。
おかかのうまみと相まってやさしい味を生み出します。

材料 2人分／4個

実山椒(水煮) … 10g
花かつお … 10g
米 … 1合
塩 … 小さじ1/4
水 … 200㎖

作り方

1. ごはんを基本の炊き方と同様にして炊く
（p.8-9参照）。ただし、塩を加えるとき、実
山椒もいっしょに加える。

2. ごはんを三角ににぎり、器に盛って花か
つおをのせる。

青ねぎと明太子のおにぎり

風味豊かな青ねぎと明太子が好相性。
さっぱり味なのであっという間に平らげてしまいそう。

材料 2人分／4個

青ねぎ（小口切り）… 2本
明太子 … 1腹
炊いた塩ごはん（p.8-9参照）… 400g

作り方

1. 明太子は薄皮を取り除いて青ねぎと混ぜる。

2. 塩ごはんを三角ににぎり、**1**をのせる。

白菜しらすの浅漬けおにぎり

ちょっぴり塩味がきいた浅漬け。
しらす干しの塩けも加わってほどよい塩味のおにぎりに。

材料 2人分／4個

白菜(細切り) … 100g
塩 … 少々
しらす干し … 20g
黒酢 … 小さじ1
炊いた塩ごはん(p.8-9参照) … 400g
焼きのり(6切) … 4枚
白いりごま(好みで) … 少々

作り方

1. 白菜は塩を加えてしんなりするまでもみ、水気を絞って、しらす干しと黒酢を加えてあえる。

2. 塩ごはんを三角ににぎり、のりを巻いて**1**をのせ、好みで白いりごまをふる。

みょうがとじゃこのおにぎり

香味野菜のみょうがの風味がたまりません。
ちりめんじゃこのうまみがおいしさをあと押しします。

材料 2人分／4個

みょうが(小口切り) … 2個
Ⓐ →合わせる
　米酢 … 小さじ2
　砂糖 … 小さじ½
　塩 … 小さじ⅓
ちりめんじゃこ … 15g
炊いたごはん … 400g
黒いりごま(好みで) … 適量

作り方

1. みょうがは水にさっとさらしてペーパータオルで水気をしっかり取り、Ⓐに10分ほど漬ける。

2. ごはんに1とちりめんじゃこを混ぜ、丸形ににぎって好みで黒いりごまをふる。

三つ葉とカリカリ梅のおにぎり

カリカリ梅が味のアクセント。
三つ葉の香りと絶妙のコンビ。三つ葉が旬の時期にぜひ！

材料 2人分／4個

カリカリ梅(種を取って粗みじん切り)
　…8個
三つ葉(5mm長さに切る) … $\frac{1}{2}$ 束
炊いたごはん … 400g

作り方

1. ごはんにカリカリ梅と三つ葉を混ぜ、三角ににぎる。

カリカリ梅って最高！
梅好きをとりこにするおにぎりです。

せりと桜えびのおにぎり

桜えびのうまみがごはんと一体化して奥深い味わい。
せりの風味が季節を感じさせてくれます。

材料　2人分／4個

せり … 80g
塩 … 少々
桜えび … 6g
炊いた塩ごはん(p.8-9参照) … 400g

作り方

1. せりは塩を加えたたっぷりの湯に20秒
　ほど入れて冷水にとり、水気を絞って粗
　みじん切りにする。

2. 桜えびはフライパンで表面がカリッとな
　るまでいり、軽くもむ。

3. 塩ごはんに**1**と**2**を混ぜ、たわら形にに
　ぎる。

キャベツと塩昆布のおにぎり

塩昆布のうまみがごはんにしみ込んだ絶品おにぎり。
キャベツからほんのり香るごま油の風味が隠し味です。

材料 2人分／4個

キャベツ（細切り）… 100g
塩 … 小さじ 1/4
ごま油 … 小さじ1
塩昆布（粗く刻む）… 10g
炊いたごはん … 400g

作り方

1. キャベツは塩を加えてしんなりするまで
もみ、水気をしっかり絞ってごま油を加
えて混ぜる。

2. ごはんに塩昆布を混ぜて三角ににぎり、
1をのせる。

れんこんの赤じそきんぴら
おにぎり

れんこんの味つけは赤じそ風味ふりかけだけ。
調味料いらずで簡単にできます。

材料　2人分／4個

れんこん … 80g
ごま油 … 小さじ2
酒 … 小さじ2
赤じそ風味ふりかけ … 小さじ2
炊いたごはん … 400g

作り方

1. れんこんは皮をむいて3mm厚さのいちょう切りにし、水にさっとさらしてペーパータオルで水気をふく。

2. フライパンにごま油を入れて中火にかけ、**1**をさっと炒めて酒を加え、透き通るまで炒める。赤じそ風味ふりかけを加えて**a**炒め合わせる。

3. ごはんに**2**を加えて混ぜ、三角ににぎる。

れんこんは透き通る程度に炒める。油がれんこんのうまみを閉じ込め、しそふりかけと絡めやすくなる。

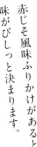

赤じそ風味ふりかけがあると味がびしっと決まります。

さつまいもと赤じそのおにぎり

さつまいもはやや大きめに切るのがポイント。
赤じそは梅干しについているものを利用すると便利です。

材料　2人分／4個

さつまいも … 150g
米 … 1合
梅酢 … 大さじ1
水 … 200㎖
赤じその塩漬け … 4枚

作り方

1. さつまいもは皮つきのまま1.5㎝厚さのいちょう切りにし、水にさっとさらす。

2. ごはんを基本の炊き方と同様にして炊く（p.8-9参照）。ただし、水を加えるとき、梅酢と水気をきった**1**も加える。

3. ごはんを三角ににぎり、赤じその塩漬けをのせる。

高菜漬けととろろ昆布のおにぎり

とろろ昆布の衣をまとったまん丸おにぎり。
ひと口食べるととろろ昆布がとろけます。

材料 2人分／4個

高菜漬け(粗みじん切り) … 30g
とろろ昆布 … 10g
炊いたごはん … 400g

作り方

1. ごはんに高菜漬けを混ぜて丸形ににぎり、とろろ昆布をまわりにまぶして再度軽くにぎる。

しょうがみその青じそおにぎり
材料と作り方→p.70

しば漬けじゃこの雑穀おにぎり
材料と作り方→p.71

しょうがみその青じそおにぎり

みその香ばしさと青じその風味で香り高いおにぎり。
みそは練るようにして炒めるのがポイントです。

材料 2人分／4個

しょうが(せん切り) … 2かけ
ごま油 … 小さじ2
Ⓐ
| みそ … 大さじ3
| みりん … 大さじ3
| しょうゆ … 小さじ½
炊いた塩ごはん(p.8-9参照) … 400g
青じそ … 4枚

作り方

1. フライパンにごま油を入れて中火にかけ、しょうがを入れる。香りが立ったらⒶを加え、汁気がなくなるまで炒めて煮詰める**a**。

2. 塩ごはんを三角ににぎり、青じそを巻いて**1**をのせる。

ごま油にしょうがの風味を移してからみそとみりん、しょうゆを加える。木べらでみそをほぐしながら練るようにして火を入れていく。

しば漬けじゃこの雑穀おにぎり

しば漬けの食感とちりめんじゃこのうまみがおいしさの秘密。
カリッとした食感が感じられる大きさに刻みましょう。

材料 2人分／4個

米 … 2合
雑穀ミックス … 大さじ2
水 … 200ml＋大さじ2
しば漬け（粗みじん切り a）… 40g
ちりめんじゃこ … 20g

作り方

1. 雑穀ごはんを基本の炊き方と同様にして炊く（p.8-9参照）。
   ただし、雑穀ミックスは30分水に浸し、ざるにあげて水
   気をきる。鍋に入れるとき、分量の水と雑穀ミックスを
   加える。
2. 雑穀ごはんにしば漬けとちりめんじゃこを混ぜて三角に
   にぎる。

しば漬けは小さすぎず、大き
すぎずのサイズの粗みじん
切りに。しっかりと食感を味
わいたいときはやや大きめ
でもOK。

のり梅おにぎり

のり梅はのりと梅干しを炊き込んで作る私のイチオシレシピ。
炊きたてごはんといっしょにいただくのもおすすめです。

材料 2人分／4個

焼きのり（全形・一口大にちぎる）… 2枚
梅干し（種ごと包丁でたたく）… 2個
みりん … 大さじ2
しょうゆ … 小さじ1
水 … 50㎖
炊いた塩ごはん（p.8-9参照）… 400g

作り方

1. 小鍋に焼きのりと梅干しを入れ、みりんとしょうゆ、分量の水を加えて弱めの中火にかける。汁気がなくなってもったりするまで煮る。

2. 塩ごはんを三角ににぎり、**1**をのせる。

青のりと油揚げのおにぎり

油揚げも立派なおにぎりの具になります。
やさしい味がじゅわ〜っとごはんにしみ込んで美味。

材料 2人分／4個

油揚げ … 1枚(30g)
青のり … 大さじ1
炊いた塩ごはん(p.8-9参照) … 400g

作り方

1. 油揚げは表面の油をペーパータオルでふき、フライパンで表面をさっと焼く。縦に4等分に切ってから横に細切りにする。

2. 塩ごはんに**1**と青のりを混ぜ、三角ににぎる。

梅酢浸し豆おにぎり

豆は「ふやかす＋梅酢に浸す」で時間がかかりますが、ほっとくだけ。
多めに作っておけば具だけでなくおかずとしても役立ちます。

材料　2人分／4個

青大豆(乾燥) … 30g
梅酢 … 大さじ3
炊いたごはん … 400g
とろろ昆布 … 適量

作り方

1. 青大豆はかぶるくらいの水に一晩浸してもどす。ざるに
あげて水気をきり、鍋に入れてかぶるくらいの水を加え
て中火にかける。

2. 煮立ったら弱めの中火にし、25分ゆでてざるにあげて水
気をきる。温かいうちに梅酢を加えてなじませ**a**、一晩おく。

3. 軽く水気をきってごはんに加えて混ぜ、三角ににぎる。
とろろ昆布をのせる。

乾燥の青大豆はうまみが濃
い。しっかりもどして煮たら
熱いうちに梅酢を加えると
味がよくしみ込む。

浸し豆ってそれだけで食べても
やみつきになっちゃいそう！

枝豆とドライトマトのおにぎり

コリッとした食感の枝豆とうまみたっぷりのドライトマト。
満足感の高いおにぎりです。

材料 2人分／4個

枝豆（さやつき）… 100g
塩 … 少々
ドライトマト … 4個(20g)
炊いたごはん … 400g

作り方

1. 枝豆は塩を加えたたっぷりの湯で2分30秒ゆでてざるにあげ、粗熱がとれたら豆を取り出して薄皮をむく。

2. ドライトマトは熱湯に2分ほど浸してペーパータオルで水気をふき、粗みじん切りにする。

3. ごはんに**1**と**2**を混ぜてたわら形ににぎる。

パセリとハムのおにぎり

ちょっぴり洋風味のおにぎり。
ハムの味がしっかり感じられます。

材料 2人分／4個

ロースハム(7〜8mm角に切る) … 70g
パセリ(みじん切り) … 大さじ3
炊いた塩ごはん(p.8-9参照) … 400g
黒いりごま(好みで) … 適量

作り方

1. 塩ごはんにロースハムとパセリを混ぜ、三角ににぎる。好みで黒いりごまをふる。

なすとアンチョビのおにぎり

なすだけかと思いきや、食べてみるとなんとも奥深い味わい。
みじん切りにしたアンチョビのうまみがきいています。

材料 2人分／4個

なす … 2本
アンチョビ (みじん切り) … 4フィレ
オリーブ油 … 大さじ1
炊いた塩ごはん (p.8-9参照) … 400g
焼きのり (6切) … 4枚
パプリカパウダー (好みで) … 少々

作り方

1. なすはヘタを取り除いて縦半分に切り、5mm厚さの斜め
   切りにしてさっと水にさらし、ペーパータオルで水気を
   ふく。

2. フライパンにオリーブ油を中火で熱し、**1**とアンチョビ
   を入れてなすがしんなりするまで炒める**a**。

3. 塩ごはんを三角ににぎり、のりを巻いて**2**をのせ、好み
   でパプリカパウダーをふる。

アンチョビはみじん切りに
するのがポイント。塩けと
うまみがなす全体になじん
で調味料代わりにもなって
いる。

具がたっぷり！
ボリューム感がありますよ。

79

鮭とガリのおにぎり

見た目は鮭だけのようですが、食べるとシャキシャキのガリがアクセント。
ガリ好きな方は追いガリを添えてもOK。

材料　2人分／4個

甘塩鮭 … 2切れ
甘酢しょうが(汁気をきって粗みじん切り)
　　… 40g
炊いたごはん … 400g
白いりごま(好みで) … 適量

作り方

1. 甘塩鮭は魚焼きグリルで7〜8分焼き、骨と皮を取り除いてほぐす。

2. ごはんに **1** と甘酢しょうがを混ぜ、三角ににぎる。好みで白いりごまをふる。

いくらゆずのおにぎり

たまにはちょっぴりぜいたくなおにぎりを。
いくらとゆずの具はワンランク上の味わいです。

材料 2人分／4個

いくら（塩漬け）… 50g
ゆず果汁 … 大さじ1
ゆずの皮（細切り）… 少々
炊いた塩ごはん（p.8-9参照）… 400g
焼きのり（6切）… 4枚

作り方

1. いくらにゆず果汁を加えてさっと混ぜる。

2. 塩ごはんを三角ににぎり、のりを巻いて **1** とゆずの皮をのせる。

塩さばと青ねぎのおにぎり

塩さば独特の風味を青ねぎが相殺。
くせのない味わいで食べやすいおにぎりです。

材料 2人分／4個

塩さば(半身) … 1枚
青ねぎ(小口切り) … 2本
しょうが(すりおろし) … 1/2かけ
炊いた塩ごはん(p.8-9参照) … 400g

作り方

1. 塩さばは魚焼きグリルで8分ほど焼き、骨を取り除きながらほぐし**a**、青ねぎとしょうがを加えて混ぜる。

2. 手のひらに塩ごはんを広げ、**1**を1/4量弱ずつ入れて三角ににぎり、具の一部を上にのせる。

手でほぐしていくと指先に骨が当たるので取り除きやすい。骨が残っていると食べにくいのでなるべくきれいに取り除く。

さばの骨はていねいに取って。
このひと手間で食べやすくなります。

鯛と塩昆布のおにぎり

塩昆布のうまみと塩気が、淡白な鯛のうまみを引き出します。
見た目以上のおいしさに感激です。

材料 2人分／4個

鯛(切り身) … 2切れ
塩 … 少々
塩昆布(粗く刻む) … 15g
炊いたごはん … 400g
白いりごま(好みで) … 適量

作り方

1. 鯛は塩をふって10分おき、ペーパータオルで水気をふく。魚焼きグリルで7〜8分焼き、骨と皮を取り除いてほぐす。

2. ごはんに**1**と塩昆布を混ぜ、三角ににぎって好みで白いりごまをふる。

じゃこときゅうりのおにぎり

きゅうりのシャキシャキとした歯ごたえがたまりません。
かむほどにちりめんじゃこのうまみが広がります。

材料 2人分／4個

きゅうり（2㎜厚さの輪切り）… 1本
塩 … 小さじ¼
ちりめんじゃこ … 25g
炊いた塩ごはん(p.8-9参照) … 400g

作り方

1. きゅうりは塩をふってしんなりするまでもみ、水気を絞る。

2. 塩ごはんに**1**とちりめんじゃこを混ぜて、三角ににぎる。

ナッツと塩昆布のおにぎり

香ばしいナッツの香りがおいしさをそそるおにぎり。
塩昆布のうまみと相まって奥深い味わいです。

材料 2人分／4個

アーモンド … 40g
塩昆布（粗く刻む）… 15g
炊いたごはん … 400g

作り方

1. アーモンドはフライパンでさっと乾いり
   して粗く刻む。

2. ごはんに**1**と塩昆布を混ぜ、丸形ににぎる。

うにと枝豆のおにぎり

生のうにがそのまま入っているかのような濃厚味。
枝豆の食感と見事に調和したおにぎりです。

材料 2人分／4個

枝豆(さやつき) … 80g
塩 … 少々
練りうに … 大さじ1
炊いたごはん … 400g

作り方

1. 枝豆は塩を加えたたっぷりの湯で2分30秒ゆでてざるにあげ、粗熱が取れたら豆を取り出して薄皮をむく。

2. ごはんに**1**と練りうにを混ぜて三角ににぎる。

チーズと青じそのみそおにぎり

香ばしいみその風味にそそられるおにぎり。
こんがり焼くことでいっそうおいしくなります。

材料 2人分／4個

プロセスチーズ(1㎝角に切る) … 70g
青じそ(粗く刻む) … 4枚
みそ … 大さじ1
炊いた塩ごはん(p.8-9参照) … 400g
白いりごま(好みで) … 適量

作り方

1. 塩ごはんにチーズと青じそを混ぜ、丸形
   ににぎって上面にみそをぬり、オーブン
   トースターで焼き目がつくまで焼く。好
   みで白いりごまをふる。

焼き豚と紅しょうがのおにぎり

調味料なしで作れるおにぎり。
焼き豚入りなので食べごたえがあります。

材料 2人分／4個

焼き豚(市販・7〜8㎜角に切る) … 70g
紅しょうが(粗みじん切り) … 20g
炊いたごはん … 400g

作り方

1. ごはんに焼き豚と紅しょうがを混ぜ、三角ににぎる。

から揚げとレタスのおにぎり

豚肉を二度揚げすることでおいしさ倍増。
レタスで包むのでさっぱりといただけます。

材料 2人分／4個

豚もも薄切り肉 … 80g

Ⓐ →合わせる
| しょうがのすりおろし … $\frac{1}{2}$ かけ分
| 酒 … 小さじ1
| しょうゆ … 小さじ1
小麦粉 … 小さじ1
片栗粉 … 小さじ2
揚げ油 … 適量

Ⓑ
| しょうゆ … 大さじ1
| みりん … 大さじ1
炊いた塩ごはん（p.8-9参照） … 400g
サニーレタス … 適量
焼きのり（6切・半分に切る） … 2枚

作り方

1. 豚肉は長さを2等分に切り、Ⓐをもみ込んで10分おく。小麦粉をふってしっかりもみ込み、片栗粉をまぶして余分な粉を落とす。

2. 170℃の揚げ油に**1**を入れて軽く色づくまで揚げて取り出す。温度を180℃に上げて再び表面がカリッとするまで揚げる。

3. 耐熱容器にⒷを入れてラップをかけないで電子レンジで1分加熱し、**2**にからめる。

4. 塩ごはんを軽く三角ににぎり、**3**をサニーレタスで包んで真ん中に押し込み、再びしっかりにぎってのりを巻く。

がぶりと豪快に食べて！
豚から揚げとごはんは好相性です。

おにぎりに添えたい 小さなおかず

絹さやナムル

材料　2人分

絹さや … 80g
塩 … 小さじ$\frac{1}{3}$
ごま油 … 小さじ1
黒いりごま … 小さじ1

作り方

1. 絹さやは筋を取る。鍋にたっぷりの湯を沸かして絹さやを入れ、1分ゆでてざるにあげる。ペーパータオルで水気をふいて細切りにし、塩、ごま油、黒いりごまをふって混ぜる。

キャベツとベーコンの蒸し煮

材料　2人分

キャベツ(4cm角に切る) … 150g
薄切りベーコン(3cm幅に切る) … 80g
酒 … 大さじ2
水 … 大さじ2
塩 … 小さじ$\frac{1}{3}$

作り方

1. フライパンに材料をすべて入れて蓋をし、中火にかける。煮立ったら弱火にし、4分蒸し煮にして器に盛る。

おにぎりだけではちょっと寂しいと思うとき、小さなおかずが一品あるとうれしいもの。決して主役ではないけれど、おにぎりの引き立て役として色みを添えたり、味を切りかえたりしてくれます。小鉢に入れたり、豆皿にのせたり、お気に入りの器に盛って華を添えましょう。ここでご紹介するおかずはどのおにぎりに合わせても大丈夫。お好きなものを選んでください。どれも簡単に作れるものばかりです。

長ねぎの黒酢蒸し

材料　2人分

長ねぎ(斜め薄切り) … 1本
しょうが(せん切り) … 1かけ
酒 … 大さじ1
みりん … 大さじ1
黒酢 … 大さじ1
しょうゆ … 大さじ1
ごま油 … 大さじ1
糸唐辛子(好みで) … 適量

作り方

1. フライパンに材料をすべて入れ、蓋をして中火にかける。煮立ったら弱火にし、3分蒸し煮にして器に盛る。好みで糸唐辛子をのせる。

クレソンのおひたし

材料　2人分

クレソン … 50g
Ⓐ
　だし汁(p.12参照) … 150㎖
　みりん … 大さじ1
　しょうゆ … 小さじ2
　塩 … 小さじ⅓

作り方

1. 鍋にⒶを入れて中火にかけ、ひと煮立ちさせる。

2. 別の鍋に湯を沸かして塩少々(分量外)を入れ、クレソンを茎から入れて1分ほどゆで、冷水にとる。水気をしっかり絞って**1**に浸す。

れんこんの白あえ

小松菜と厚揚げのさっと煮

材料　2人分

木綿豆腐 … ½丁（150g）
れんこん … 100g
白いりごま … 大さじ2
しょうゆ … 小さじ2
砂糖 … 小さじ½
塩 … 小さじ⅓
粉山椒 … 少々

作り方

1. 豆腐は重さの倍の重しをし、1時間ほど水きりをする。

2. れんこんはたわしできれいに洗い、2mm厚さの半月切りにして水にさっとさらす。沸騰した湯に入れて2分ゆで、ざるにあげてペーパータオルで水気をふく。

3. フライパンで白いりごまをさっといり、すり鉢に入れて半ずりにする。**1**としょうゆ、砂糖、塩を加えてすり混ぜ、**2**を加えてあえる。粉山椒をふる。

材料　2人分

小松菜（長さを4等分に切る） … 100g
厚揚げ … 1枚（200g）
だし汁（p.12参照） … 200㎖
しょうが（せん切り） … 1かけ
酒 … 大さじ1
みりん … 大さじ1
しょうゆ … 小さじ2
塩 … 小さじ⅓

作り方

1. 厚揚げは表面の油をペーパータオルでふき、縦半分に切ってから約1cm幅に8等分に切る。

2. 鍋にだし汁を入れ、**1**としょうが、酒、みりんを加えて中火にかける。煮立ったらしょうゆと塩を加えて蓋をし、弱めの中火で5分煮る。小松菜を加えてさらに5分煮、器に盛る。

にんじんとかぶの浅漬け

材料　2人分

にんじん（3㎜厚さの半月切り）… $\frac{1}{2}$本（80g）

かぶ（3㎜厚さのいちょう切り）… 1個（80g）

塩 … 小さじ$\frac{1}{2}$

Ⓐ →合わせる

　酢 … 小さじ2

　砂糖 … 小さじ$\frac{1}{2}$

　塩 … 小さじ$\frac{1}{4}$

作り方

1. にんじんとかぶはそれぞれ塩小さじ$\frac{1}{4}$をふってなじませ、10分おいてしんなりさせる。

2. 1の水気をそれぞれぎゅっと絞ってボウルに入れ、Ⓐを加えて混ぜ、器に盛る。

ブロッコリーとじゃこの豆板醤ごまあえ

材料　2人分

ブロッコリー … $\frac{1}{4}$個（150g）

塩 … 少々

ちりめんじゃこ … 20g

Ⓐ

　豆板醤 … 小さじ$\frac{2}{3}$

　白すりごま … 小さじ2

　しょうゆ … 小さじ2

　黒酢 … 小さじ1

　ごま油 … 小さじ1

作り方

1. ブロッコリーは小房に分ける。鍋にたっぷりの湯を沸かして塩を加え、ブロッコリーを入れて2分ゆで、ざるにあげて水気をペーパータオルでふく。

2. ボウルにⒶを合わせ、1とちりめんじゃこを加えてあえる。

スナップえんどうと厚揚げのごまあえ

材料　2人分

スナップえんどう … 8さや
厚揚げ … $\frac{1}{2}$枚
Ⓐ
| 白すりごま … 大さじ2
| 粉山椒 … 小さじ$\frac{1}{2}$
| しょうゆ … 小さじ1
| 塩 … 小さじ$\frac{1}{3}$
| 酢 … 小さじ1

作り方

1. スナップえんどうは筋を取る。鍋に湯を沸かして1分ゆで、ざるにあげる。

2. 厚揚げは表面の油をペーパータオルで軽くふき、フライパンで全体に焼き目がつくまで中火で焼き、1.5cm角に切る。

3. ボウルにⒶを入れて混ぜ、**1**と**2**を加えてあえる。

赤ピーマンのレモンしょうゆ漬け

材料　2人分

赤ピーマン … 2個
Ⓐ
| レモン汁 … 大さじ1
| しょうゆ … 大さじ1
| 塩 … 少々

作り方

1. 赤ピーマンはヘタと種を取って輪切りにする。鍋に湯を沸かして塩少々（分量外）を加え、赤ピーマンを30秒ゆでる。ざるにあげ、ペーパータオルで水気をふく。

2. ボウルにⒶを合わせ、**1**を15分以上漬ける。

3

巻きおにぎり

酢飯も巻きすも使わないで作るのが巻きおにぎりです。ごはんは1章や2章で使った基本のごはん（p.8-9参照）。オーブンシートの上にのりとごはん、具をのせて巻きます。ハーフサイズののりを使うので子どもでも簡単に巻けます。持ち歩くときはオーブンシートで巻いたまま現地に行き、シートごと持って食べると断面が乾かず手も汚れません。1個の巻きおにぎりで使うごはんは1章、2章と同じく100gです。

だし巻き卵の巻きおにぎり

やさしい味のだし巻き卵が主役の巻きおにぎりです。
焦がさないようにていねいに焼きましょう。

材料 2人分／4個

卵 … 4個

Ⓐ
- だし(p.12参照) … 大さじ3
- 砂糖 … 小さじ1
- 薄口しょうゆ … 小さじ1

ごま油 … 少々
炊いた塩ごはん(p.8-9参照) … 400g
焼きのり(2切) … 4枚

作り方

1. ボウルに卵を割り入れてⒶを加えて混ぜ、溶きほぐす。卵焼き器にごま油をひいて中火で熱し、卵液を少量ずつ流し入れながら巻いていき、だし巻き卵を作る。粗熱をとって縦4等分に切る。

2. 基本の巻き方で巻く。

巻きすは使いません！

〈基本の巻き方〉

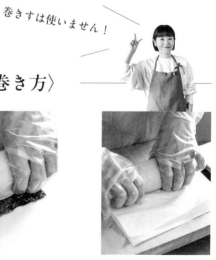

1. 30 × 15cmくらいにカットしたオーブンシートに焼きのり1枚をのせ、奥側を2cmほどあけてごはんの¼量をのせ、平らにならす。

2. 真ん中に具(ここではだし巻き卵)をのせ、シートごと奥側にひと巻きしてぎゅっとしめる。

3. さらに巻いて全体をぎゅっとしめる。シートをはずして半分(または斜めや4等分)に切る。

かにと三つ葉と卵の巻きおにぎり

とっても上品な味わいの巻きおにぎりです。
卵は薄めの卵焼きにしてほんのり甘い味つけに。

材料　2人分／4個

かにのほぐし身 … 120g
＊ここでは鮮魚店で売っているものを使用。かに
　缶でもよいが値段が少し高め。
三つ葉 … 1束
卵 … 1個
砂糖 … 小さじ1/3
塩 … 小さじ1/4
炊いた塩ごはん(p.8-9参照) … 400g
焼きのり(2切) … 4枚
米油(またはサラダ油) … 少々

作り方

1. かにはペーパータオルで水気をしっかり
取る。三つ葉はざるにのせて熱湯を回し
かけ、少ししんなりさせてから水気をふ
き、長さを4等分に切る。

2. 卵は砂糖と塩を加えて混ぜる。卵焼き器
に油をひいて中火にかけ、卵液を流し入
れる。表面が乾いたら裏返してさっと焼
き、粗熱をとって長さを半分に切ってか
ら縦4等分に切る。

3. オーブンシートに焼きのりをのせて**2**を
のせ、三つ葉とかにをのせて基本の巻き
方(p.99参照)と同様にして巻く。

ハムとチーズと青じその巻きおにぎり

洋風と和風の具材が一体化してうまみもコクも香りもいうことなし。
のりの衣に包まれるとすべてがひとつの味にまとまります。

材料　2人分／4個

ロースハム(細切り) … 100g
プロセスチーズ(棒状に切る) … 80g
青じそ … 8枚
炊いた塩ごはん(p.8-9参照) … 400g
焼きのり(2切) … 4枚

作り方

1. オーブンシートに焼きのりをのせて、基
本の巻き方(p.99参照)と同様にして巻く。
ただし具をのせるときは青じそを真ん中
においてその上にハムとチーズをのせ
る。切るときは斜めに半分に切る。

きゅうりと鮭の巻きおにぎり

きゅうりが入るのでさっぱり味の鮭おにぎりに。
シートをつけたまま盛ると手を汚さずに食べられます。

材料 2人分／4個

きゅうり … 1本
甘塩鮭 … 2切れ
炊いた塩ごはん(p.8-9参照) … 400g
焼きのり(2切) … 4枚

作り方

a

1. 鮭は魚焼きグリルで8分ほど焼き、骨と皮を取り除いてほぐす。きゅうりは細切りにし、ペーパータオルで表面の水気をふく**a**。

2. オーブンシートに焼きのりをのせて**1**をのせ、基本の巻き方(p.99参照)と同様にして巻く。

水分はのりの大敵。しっかりと取り除いてから巻くとのりがとろけたり、巻きがゆるくなったりする心配がない。

きゅうりのシャキシャキ感が、たまりません!

にんじん、ほうれん草ナムル、牛肉のキンパ
材料と作り方→p.106

えごま、たくあん、ツナのキンパ
材料と作り方→p.107

にんじん、ほうれん草ナムル、牛肉のキンパ

塩とごま油で仕上げるナムルと味つけ牛肉が具なら文句なし。
最後にごま油をぬって本格仕上げをしましょう。

材料 2人分／4個

にんじん（細切り）… 1/2本（70g）
Ⓐ
| 塩 … 小さじ1/2
| ごま油 … 小さじ1
ほうれん草 … 1/2束（100g）
Ⓑ
| 塩 … 小さじ1/4
| ごま油 … 小さじ1
牛切り落とし肉（ロース）… 80g
Ⓒ
| みりん … 大さじ1
| しょうゆ … 大さじ1
炊いた塩ごはん（p.8-9参照）… 400g
焼きのり（2切）… 4枚
ごま油 … 適量
白いりごま（好みで）… 適量

作り方

1. にんじんは耐熱皿に入れてラップをし、電子レンジで1分加熱してペーパータオルで水気をふき、Ⓐを加えてあえる。

2. 別の耐熱皿にほうれん草を入れてラップをし、電子レンジで1分30秒加熱して冷水にとり、水気をしっかりと絞る。食べやすい長さに切ってⒷを加えてあえる。

3. フライパンにごま油小さじ1を中火で熱し、牛肉を入れて色が変わるまで炒める。Ⓒを加え、汁気がなくなるまで炒める**a**。

4. オーブンシートに焼きのりをのせて**1**、**2**、**3**をのせ、基本の巻き方（p.99参照）と同様にして巻く。のりにごま油を刷毛でぬる。

5. 4等分に切って器に盛り、好みで白いりごまをふる。

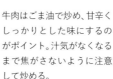

牛肉はごま油で炒め、甘辛くしっかりとした味にするのがポイント。汁気がなくなるまで焦がさないように注意して炒める。

えごま、たくあん、ツナのキンパ

こちらはさっぱり味のヘルシーキンパです。
たくあんとえごまの葉は韓国風の定番組み合わせ。

材料 2人分／4個

ツナ缶(オイル漬け) … 2缶(140g)
たくあん(細切り) … 80g
えごまの葉 … 4枚
炊いた塩ごはん(p.8-9参照) … 400g
焼きのり(2切) … 4枚
ごま油 … 適量
白いりごま(好みで) … 適量

作り方

1. ツナはボウルにざるをのせてあけ、缶汁をしっかりきる**a**。

2. オーブンシートに焼きのりをのせて、基本の巻き方(p.99参照)と同様にして巻く。ただし具材をのせるときは縦半分に切ったえごまの葉に**1**とたくあんをのせる。巻いたらのりにごま油を刷毛でぬる**b**。

3. 4等分に切って器に盛り、好みで白いりごまをふる。

キンパもこれなら
簡単に作れますよ。

ツナ缶の缶汁はのりには大敵。ざるにあげてしっかりと缶汁をきってから使う。ただし絞ってしまうとうまみが抜けてしまうので自然にきる。

キンパの仕上げはやっぱりごま油。濃い味のごま油をぬると風味豊かな仕上がりに。刷毛を使うとまんべんなくぬることができる。

ゆでささみと練り梅の巻きおにぎり

梅味のささみはさっぱり、しっとりで食べやすい。
練り梅は梅干しを酒とみりんで煮詰めたものです。

材料 2人分／4個

鶏ささみ … 3本
酒 … 大さじ1
練り梅 … 大さじ2
みょうが(細切り) … 2個
炊いた塩ごはん(p.8-9参照) … 400g
焼きのり(2切) … 4枚

作り方

1. 鍋にたっぷりの湯を沸かして酒を入れ、ささみを入れて弱火で2分30秒ゆでて火を止め、そのまま冷まします。

2. ペーパータオルで**1**の水気をふいて細かく裂き、練り梅を加えて混ぜる**a**。みょうがは水にさっとさらしてペーパータオルで水気を取る。

3. オーブンシートに焼きのりをのせて**2**をのせ、基本の巻き方(p.99参照)と同様にして巻く。

練り梅でも梅びしおでもOK。どちらも同じように作られたもので塩分の違いで呼び分けている商品が多い。お好みのものを使って。

漬けまぐろと細ねぎの巻きおにぎり

色鮮やかなまぐろとねぎがまるで鉄火巻きのよう。
漬けだれに混ぜた練りわさびがアクセントです。

材料　2人分／4個

まぐろの赤身
　（刺身用さく・1cm幅の棒状に切る）… 130g

Ⓐ
　しょうゆ … 大さじ1½
　みりん … 大さじ1½
　塩 … ひとつまみ

練りわさび … 小さじ½
青ねぎ(10cm長さに切る) … 3本
炊いた塩ごはん(p.8-9参照) … 400g
焼きのり(2切) … 4枚

作り方

1. 耐熱ボウルにⒶを入れ、ラップをしないで電子レンジで1分加熱してから冷まし、練りわさびを加えて混ぜ、漬けだれを作る。バットにまぐろを並べ入れてたれを加え、30分ほどおく**a**。

2. オーブンシートに焼きのりをのせて**1**と青ねぎをのせ、基本の巻き方(p.99参照)と同様にして巻く。ただし具をのせるとき、**1**の水気をペーパータオルで取る。

まぐろ好きの方のとっておき
巻きおにぎりです。

漬けだれにまぐろをしっかり漬けて味をしみ込ませる。一度加熱してアルコールをとばしたたれに漬けると味がまろやかになる。

ワタナベマキ

1976年、神奈川県生まれ。夫と長男、猫2匹と暮らす。グラフィック
デザイナーを経て、2005年に「サルビア給食室」を立ち上げ、料理家
として活動を始める。日々食べるものをおいしくていねいに作るの
が信条。素材の味をシンプルに引き出す料理に定評がある。ライフ
スタイルに憧れるファンも多い。現在はテレビ、雑誌、オンライン料
理教室など幅広く活躍し、著書多数。

https://maki-watanabe.com | Instagram @maki_watanabe

アートディレクション・デザイン
小橋太郎(Yep)

撮影
竹内章雄

スタイリング
池水陽子

料理アシスタント
伊藤雅子
小西奈々子

校正
株式会社尾野製本所 校閲部

構成・編集
小橋美津子(Yep)

マキさんの極上シンプルおにぎり

2024年5月9日　第1刷発行

著者	ワタナベマキ
発行人	松井謙介
編集人	廣瀬有二
企画編集	広田美奈子
発行所	株式会社　ワン・パブリッシング
	〒105-0003　東京都港区西新橋2-23-1
印刷所	大日本印刷株式会社
DTP	株式会社グレン
製本所	古宮製本株式会社

●この本に関する各種お問い合わせ先
内容等のお問い合わせは、下記サイトのお問い合わせフォームよりお願いします。
https://one-publishing.co.jp/contact/

不良品(落丁、乱丁)については業務センター　Tel 0570-092555
〒354-0045 埼玉県入間郡三芳町上富279-1

在庫・注文については書店専用受注センター　Tel 0570-000346

ワン・パブリッシングの書籍・雑誌についての新刊情報・詳細情報は、下記をご覧ください。
https://one-publishing.co.jp/